Parodien Schillerscher Gedichte

Vortragsgedicht humoristischen und satirischen Inhalts

Parodien Schillerscher Gedichte

Vortragsgedicht humoristischen und satirischen Inhalts

ISBN/EAN: 9783955630560

Auflage: 1

Erscheinungsjahr: 2013

Erscheinungsort: Bremen, Deutschland

@ Leseklassiker in Access Verlag GmbH, Fahrenheitstr. 1, 28359 Bremen. Alle Rechte beim Verlag und bei den jeweiligen Lizenzgebern.

Leseklassiker

Parodien
Schillerscher Gedichte

Vortragsgedichte
humoristischen und satyrischen Inhalts

Theaterverlag Eduard Bloch
Berlin C. 2
Brüder=Straße Nr. 1

Inhalts-Verzeichnis.

	Seite
Die numerierte Bürgschaft	5
Eine Kapuziner-Predigt gegen die Frauen	13
Parodierende Karnevals-Predigt	18
Schneider Fips	22
Parodie auf den Monolog der Jungfrau von Orleans	25
Die Räuber	28
Der triumphierende Federheld	29
Die Wurst (Die Glocke)	34
Der Bäcker (Der Handschuh)	39
Der Haarzopf (Der Handschuh)	42
Die Gewalt des Schnapses über die Liebe	45
Totenklage auf ein Gigerl	49
Die Erscheinung im Kaffeesaale (Mädchen aus der Fremde)	51
Würde der Weiber	53
Würde der Frauen	55
Die Kartoffelklöße	58
Parodie auf „Ode an die Freude"	60

Die numerierte Bürgschaft.

Zu Dionys, einem Tyrannen, schlichen zwei Damone,
Drei Dolche in vier Gewändern;
Ihn schlugen fünf Häscher in sechs Bande.
„Was wolltest du mit den sieben Dolchen, sprich!"
Entgegnen ihm finster acht Wüterich'. —
„Neun Städte von zehn Tyrannen befreien!" —
„Das sollst du an elf Kreuzen bereuen."

„Ich bin", spricht jener, „zwölfmal zu sterben bereit
Und bitte nicht dreizehnmal um mein Leben;
Doch willst du Gnade mir geben,
So fleh' ich dich um vierzehn Tage Zeit,
Bis ich fünfzehn Schwestern sechzehn Gatten gefreit;
Ich lasse dir siebzehn Freunde als Bürgen,
Sie magst du, entrinn' ich, achtzehnmal er=
würgen."

Da lächelt der König neunzehnmal mit arger Lift
Und fpricht nach zwanzig Minuten Bedenken:
„Drei Wochen*) will ich dir fchenken;
Doch wiffe! wenn fie verftrichen, die Frift,
Und du mir nicht zweiundzwanzigmal zurückgegeben bift,
So muß er dreiundzwanzigmal ftatt deiner erblaffen,
Doch dir ift die Strafe erlaffen."

Und er kommt zum Freunde. „Der König gebeut,
Daß ich an vierundzwanzig Kreuzen mit dem Leben
Bezahle das frevelnde Streben;
Doch will er mir gönnen fünfundzwanzig Tage Zeit,
Bis ich fechsundzwanzig Schweftern fiebenundzwanzig Gatten gefreit:
So bleib' du dem König zum Pfande,
Bis ich komme, zu löfen die Bande!"

Und achtundzwanzigmal umarmt ihn der treue Freund
———
*) Oder: Einundzwanzig Tage.

Und liefert sich aus dem Tyrannen;
Der andere ziehet von dannen,
Und ehe das neunundzwanzigste Morgen=
rot scheint,
Hat er schnell dreißig Gatten mit einund=
dreißig Schwestern vereint,
Eilt heim mit sorgender Seele,
Damit er die Frist nicht verfehle.

Da gießt unendlicher Regen herab,
Von zweiunddreißig Bergen stürzen drei=
unddreißig Quellen,
Und vierunddreißig Bäche und fünfund=
dreißig Ströme schwellen.
Und er kommt ans Ufer mit wanderndem
Stab:
Da reißet die Brücke der Strudel hinab,
Und donnernd sprengen sechsunddreißig
Wogen
Des Gewölbes krachenden Bogen.

Und trostlos irrt er an Ufers Rand:
Wie weit er auch spähet und blicket,
Die Stimme siebenunddreißigmal schicket,
Da stößet kein Nachen vom sichern Strand,
Der ihn setze an das gewünschte Land,

Kein Schiffer lenket die Fähre,
Und die achtunddreißig Ströme werden zum
\hfill Meere.

Da sinkt er neununddreißigmal ans Ufer
\hfill und weint und fleht,
Vierzig Hände zum Zeus erhoben:
„O, hemme des Stromes Toben!
Es eilen einundvierzig Stunden, im Mittag
\hfill steht
Die Sonne, und wenn sie niedergeht,
Und ich kann die Stadt nicht erreichen,
So müssen zweiundvierzig Freunde er=
\hfill bleichen."

Doch wachsend erneut sich des Stromes Wut,
Die dreiundvierzigste Welle zerrinnet,
Und die vierundvierzigste Stunde entrinnet;
Da treibt ihn die Angst, da faßt er sich Mut
Und wirft sich hinein in die brausende Flut
Und teilt mit fünfundvierzig Armen
Den Strom, — und sechsundvierzig Götter
\hfill haben Erbarmen.

Und gewinnt das Ufer und eilet fort,
Und danket dem rettenden Gotte;
Da stürzet die raubende Rotte

Hervor aus des Waldes nächtlichem Ort,
Siebenundvierzig Pfade ihm sperrend, und
                schnaubet Mord
Und hemmet des Wanderers Eilen
Mit achtundvierzig geschwungenen Keulen.

„Was wollt Ihr?" ruft er neunundvierzig=
          mal vor Schrecken bleich,
„Ich habe nichts als mein Leben,
Das muß ich dem Könige geben!"
Und fünfzig Keulen entreißt er dem nächsten
                        gleich:
„Um des Freundes willen erbarmet Euch!"
Und einundfünfzig mit gewaltigen Streichen
Erlegt er, die andern zweiundfünfzig ent=
                      weichen.

Und die Sonne versendet glühenden Brand,
Und von der unendlichen Mühe
Ermattet sinken die Kniee:
„O, hast du mich gnädig aus dreiundfünfzig
                     Räuberhand,
Aus vierundfünfzig Strömen mich gerettet
                    ans heilige Land,
Und soll hier verschmachtend verderben,
Und die fünfundfünfzig Freunde mir
                      sterben!"

Und horch, da sprudelt es silberhell
Ganz nahe, wie rieselndes Rauschen,
Und stille hält er, zu lauschen.
Und sieh', aus dem Felsen geschwätzig schnell
Springt murmelnd hervor ein lebendiger Quell;
Und sechsundfünfzigmal bückt er sich nieder
Und erfrischet seine siebenundfünfzig Glieder.

Und die Sonne blickt durch der Zweige Grün
Und malt auf den glänzenden Matten
Der Bäume gigantische Schatten;
Und achtundfünfzig Wanderer sieht er die Straße ziehn
Will eilenden Laufes vorüberflieh'n,
Da hört er die neunundfünfzig Worte sie sagen:
„Jetzt wird er an sechzig Kreuze geschlagen."

Und die Angst beflügelt den eilenden Fuß,
Ihn jagen der Sorge Qualen:
Da schimmern in Abendrots Strahlen
Einundsechzig Zinnen von Syrakus,
Und entgegen kommt ihm Philostratus.
Des Hauses redlicher Hüter —
Der erkennt entsetzt den Gebieter:

„Zurück, du rettest die zweiundsechzig
              Freunde nicht mehr,
So rette das eigene Leben!
Den Tod erleiden sie eben.
Dreiundsechzig Stunden gewartet er
Mit hoffender Seele der Wiederkehr:
Ihm konnte den mutigen Glauben
Der Hohn des Tyrannen nicht rauben!

„Und ist es zu spät und kann ich ihm nicht
Ein Retter willkommen erscheinen,
So soll mich der Tod ihm vereinen,
Deß rühmen die vierundsechzig Tyrannen
              sich nicht,
Daß ich fünfundsechzig Freunden gebrochen
              die Pflicht:
Und sei's auch im Sechsundsechzig,
Nach Liebe und Treue lechz' ich!"

Und die Sonne geht unter, da steht er am Tor
Und sieht siebenundsechzig Kreuze erhöhet,
Die die Menge gaffend umstehet;
Und an achtundsechzig Seilen zieht man
              neunundsechzig Freunde empor;
Da zertrennt er gewaltig den dichten Chor;
„Mich, Henker", ruft er, erwürget!
Da bin ich, für den sie gebürget!"

Und Erstaunen ergreift das Volk umher;
In siebzig Armen liegen sich beide
Und weinen einundsiebzigmal vor Freude.
Da bleiben nicht zweiundsiebzig Augen tränenleer,
Und zu dreiundsiebzig Königen bringt man die Wundermär';
Er fühlt vierundsiebzig menschliche Rühren,
Und läßt vor seine fünfundsiebzig Throne sie führen.

Und blickt sie sechsundsiebzigmale verwundert an;
Drauf spricht er siebenundsiebzigmal: „Es ist Euch gelungen,
Ihr habt meine achtundsiebzig Herzen bezwungen!
Und die Treue, sie ist kein leerer Wahn!
Nehmt mich zum neunundsiebzigsten Genossen an:
Ich sei, die Sache macht sich,
In Eurem Bunde Nummer achtzig!"

Eine Kapuzinerpredigt gegen die Frauen.

Heißa, juchheißa, Dudeldumdei!
Was treibt Ihr für Schnickschnack und Al=
 fanzerei?
Ist das ein Treiben ehrbarer Weiber,
Sich so zu verhunzen die Seelen, die Leiber,
Einherzutrippeln wie bunteitle Pfauen,
Und statt in Gesangbuch und Bibel zu schauen,
Und zu lernen die Gemüse= und Fleisch=
 zubereitung,
Zu brüten über die Pariser Putzaffenzeitung?
Was braucht Ihr Hüte, Mantillen und Roben,
So lappig verschnörkelt und läppisch verschoben,
Wie diese ganze heillose Zeit,
Die in Fetzen zerrissen ihr Tugendkleid?
Wär's nicht besser, statt daß Ihr nach Mustern
 gafft,
Ihr selbst wäret Muster und musterhaft?
Daß Ihr schnittet Rüben und schnittet Bohnen,
Als zu firlefaxen nach Schnitten und
 Schablonen;
Daß Ihr, statt Börsen zu häkeln für Gönner,

Hausfreunde, Cousins und Vielliebchen=
                    Männer,
Die Börsen Eurer Männer nicht leeret
                    gewaltsam,
Und lebet fein züchtig, fromm und enthaltsam!

Bleibt nur mit Eurem Fremdländischen fern
Und antwortet nicht schnippisch, das wäre
                    „modern",
Es muß doch auch modern — auch sehe ich
                    nur
Absterben an Euch die holdsüße Natur,
Die Ihr von unten bis oben verschmückt,
Verschnürt und zermartert, zwängt und er=
                    drückt!
Ihr „gnädigen Fräuleins" und „gnädigen
                    Frauen",
Die Ihr gar zu gern in den Spiegel mögt
                    schauen:
Was würdet ihr ungnädig erblassen,
Könnt' ich Euch in den geistigen schauen mal
                    lassen.
Ja, wenn Ihr bedächtet, was Ihr wirkt —
                    und seid —
Und wie Ihr vergeudet die kostbare Zeit,
Ihr Gnädigen würdet zerknirscht dasteh'n
Und fußfällig selber um Gnade fleh'n!

Wo seid Ihr an Gottes frischgoldenem Morgen?
In höllischen „Himmelsbetten" verborgen
Ruht Ihr, statt zu preisen den Schöpfer des
         Alls,
Aus von den Strapazen des gestrigen Balls!
Denn statt Euch in zween Minuten zu waschen,
Macht Ihr Toilette zwischen Schachteln und
         Flaschen
Und Bürsten, Scheren, Seifen und Schwämmen,
Und an die drei Dutzend verschiedenen Kämmen,
So lang', daß die Sonne am Mittag schon blitzt,
Wenn Ihr noch im Nachtzeug am Kaffeetisch sitzt!
Dann wird mit der Katze der Kammer ge=
         plappert
Und, Arbeit heuchelnd, mit Schlüsseln ge=
         klappert,
Ein Journal durchblättert, Piano geklimpert,
Ein Intermezzo von Mascagni verstümpert,
Das Papchen gefüttert, ans Fenster gegangen,
Ein Gruß vom vorbeireitenden Leutnant
         empfangen,
Das Schnupftuch — für das, ach, ein Geld
         ausgegeben,
Davon ein Kapuziner einen Monat könnt'
         leben —
Mit duftendem Eau de So und So begossen,

Am Nipptisch allerhand Narrenspossen
Ge= und damit nutzlos die Zeit vertrieben,
Und endlich ein Brief ohne Komma geschrieben!
Und dann, haarsträubend ist es, dann
Zieht Ihr Euch eigentlich erst an!
Laßt zwischen medisieren, witzeln und lachen
Visiten und den Hof Euch machen.
Da wird dann wieder geziert und gefächelt,
Nach dem Befinden erkundigt, gehechelt,
                                    gelächelt,
Bis endlich gedroschen das kornleere Stroh,
Und Visitierende und Visitierte sind froh!
Und wenn die Glocke drei hat geschlagen,
Und der Diener die Suppe hat aufgetragen,
Da geht es endlich an den Mittagstisch,
Der bedeckt wird mit feinem Gemansch und
                                    Gemisch,
Und mit vielen kostspieligen Delikatessen,
Die kein vernünftiger Mensch mag essen.
Ihr aber „speist" sie — und zieht Euch dann
Zum Theater noch einmal anders an.
Genießt dort den Wagner durchs Perspektiv,
Haltet's aber wohlweislich ein wenig schief,
Damit nicht der Gatte und Vater spürt,
Was außer der Oper Euch noch amüsiert;
Und wenn wir Hirten mit unsern Schafen,

Wir Frommen und Gläubigen lange schon
                      schlafen,
Die ernste Welt längst still und stumm,
Dann zieht Ihr Euch zum Ballfest noch ein=
                      mal um,
Woselbst — die Galle erstickt mir das Wort —
Ihr fort ohne Rast, immerfort, immerfort
Den backen=schnauzbärtigen Leichtsinn um=
                      schlingt
Und rhytmisch der Schwindsucht entgegen=
                      springt,
Und in heißen und hastigen lechzenden Zügen
Das Schmeichelgift schlürft und das gift'ge
                      Vergnügen,
Und zuletzt Ihr, von Natur so lieblich und milde,
Der Schöpfung allerschönste Gebilde,
Euch erschöpft, übersättigt, verdrießlich im
                      Wagen,
In Seide gewickelt, nach Hause laßt tragen,
Und ohne zu fragen, wozu Ihr wohl lebt,
Gedankenlos dem Traume Euch übergebt.
Da liegt Ihr, der kostbaren Roben entledigt,
Und träumt von — doch ich schließe die
                      Predigt.

Parodierende Karnevals=Predigt

in einem kaufmännischen Verein.

Heißa, Juchhei! Dudeldumdei!
Das geht ja hoch her! Bin auch dabei!
Treibt man so mit der Fastnacht Spott?
Ist denn die Narrheit Euer Gott?
I, da mag ein Wetter drein schlagen!
Ist das eine Zeit zu Trinkgelagen,
Wo's nichts weiter gibt, als — Wechselklagen?
Quid hic statis otiosi?
Ihr jubiliert und legt die Händ' in den Schoß,
Und überall ist der Teufel los!
Das Bollwerk des Sklaventums will nicht
                          fallen,
Die Schwarzen sind in der Händler Krallen!
Ihr deutschen Michel solltet Euch schämen,
Ihr pflegt den Bauch, laßt's Euch nicht grämen,
Kümmert Euch mehr um den Krug, als um
                          den Krieg,
Wetzt lieber den Schnabel, als den Sabel; —

Beim Essen aber, da seid Ihr nicht halb,
Freßt lieber den Ochsen als das Kalb!
Ihr solltet trauern in Sack und Asche —
Statt dessen schwelgt Ihr in Glas und Flasche!
Doch im Geldsack ist die pure Not —
Beim Himmel, da ist es denn doch kein
         Wunder,
Wenn überall jetzt die Pleite droht!
Im Handelsstand geht es jetzt drüber und
         drunter.
Und ach, der Konkurs schaut wie eine Rute
Drohend an jedem Fenster 'raus.
Die ganze Welt ist — ein Klagehaus!
Den Reichen selbst ist schlecht zu Mute.
In den Rheinwein kommt mehr Wasser als
         Wein rein,
Nur Eure Klöße zeugen von Größe.
Eure Festtage habt Ihr verwandelt in Freß=
         tage,
Eure Magen sind wahre Heuwagen.
Statt im Topf, habt Ihr das Essen nur stets
         im Kopf;
Wenn Ihr Euch nicht bald werdet zu geizen
         bemühen,
So wird im Leben Euer Weizen nicht blühen!
Woher das kommt? Ich will's Euch verkünden:

Das schreibt sich her von Euren Lastern und Sünden.
Von dem großartigen Herrenleben,
Dem sich so Mann wie Weib ergeben.
Die Mode, das ist der Magnetenstein,
Der den Mann zieht ins Verderben hinein.
Auf den Reifrock gehören Sammet und Seide,
Gold und Silber zum seidenen Kleide!
Hinter dem U kommt gleich das W,
Wer einmal A sagt, der sagt auch B!
Wenn uns für jedes unnütze Wort,
Was die Zeitungen schreiben hier und dort,
Ein Härlein ausging aus unserm Schopf,
Ueber Nacht wär' er geschoren glatt
Und wär' er so dick, wie der Cassonsche Zopf!
Der Jakob fing stark zu schachern an,
Und Absalom war ein Reitersmann.
Wo aber steht denn geschrieben zu lesen,
Daß sie wären Wechselreiter gewesen?
Darf man den Geldbeutel doch leider
Nicht weiter auftun, als es die Not
Erfordert oder des Kaufmanns Gebot.
Aber wessen Portemonnaie ist gefüllt,
Des Herz vor Freude schon überquillt!
Wieder ein Gebot ist: Du sollst nicht stehlen!
Und dennoch stehlt Ihr durch unnütze Wort'

Dem lieben Herrgott die Tage fort.
Wollt immer frei auf Erden wandeln,
Und schwatzt und schnackt, anstatt zu handeln,
Habt weiter nichts als guten Rat,
Wo es wär' Zeit zur guten Tat!
'ne gute Ernte braucht gute Saat!
Was bleibt da übrig? Contenti estote,
Begnügt Euch mit Eurem jetzigen Brote!
Und will Euch der Böse mal versuchen,
So sei's mit Punsch und Pfannenkuchen,
Wie heut', zum Fastnachts=Mummenschanz —
So zeigt Ihr Narren Euch denn im Glanz!
Ja, heut' ist Karneval, heute kann
Den Narren spielen jedermann,
Und dem Narrentum, dem ist alles erlaubt —
Ein Vivat nun jedem, der daran glaubt!

Robert Linderer.

Schneider Fips,
als man ihm die Treue eines Gesellen verdächtig machen wollte.

(Parodie des Monologs in „Wallenstein":
Es gibt im Menschenleben usw.)

Es gibt im Schneiderleben Augenblicke,
Wo man dem Genius der Schneiderkunst
Weit näher als zu andern Zeiten steht
Und eine Frage frei hat über Künft'ges.
Solch' ein Moment war's, als ich in der Nacht,
Die vor dem letzten Weihnachtsfest verging,
Gedankenvoll an meinem Tisch gelehnt,
Den Zuschnitt eines Fracks besah. Die Kerzen
Der Werkstatt brannten düster in der Ecke;
Der Nadeln dumpfes Stochern, das Geklapper
Der Scheren und das Flüstern der Gesellen,
Einförmig unterbrach's allein die Stille.
Mein Schneiderleben ging vom Lehrjungs= und
Gesellenstand in diesem Augenblick
An meinem innern Auge schön vorüber,

Und an den Tag des Meisterwerdens knüpfte
Der rege Geist mein ganzes Schneiderleben.

Da seufzt' ich also bei mir selbst: „So viele
Gesellen setztest du! Sie folgten deiner Firma
Und hoffen, wie von einer großen Nummer,
Ihr'n Wochenlohn aus deiner Hand, sie sind —
Doch kommen wird der Tag, wo Jungen und
 Gesellen
Das Schicksal wieder auseinanderstäubt,
Nur wen'ge bleiben treulich an dir hangen.
Den möcht' ich wissen, der der treu'ste mir
Von allen is, die in der Werkstatt sitzen,
Gib mir ein Zeichen, Genius! Der sei's,
Der an dem nächsten Morgen mir zuerst
Entgegenkommt mit ein Paar neuen Hosen"
Und also bei mir denkend, setzt' ich mich
In meinen Kröpelstuhl und nickte ein.

Und in die Werkstatt ward ich eingeführt
Im Traum. Groß war der Kundendrang. Ein
 paar
Studenten rückten mir zu Leib und wollten
Partout betreßte Hosen bei mir pumpen.
Das weigert' ich — sie warfen mich zu Boden
Und trampelten gleichgültig über mich hinweg
Mit ihren Stiefeln, wie die Küraßreiter,

Zersetzet von den scharfen Spor'n.
Da faßte plötzlich mich ein Arm,
Es war des Dresd'ner — und schnell er=
wacht' ich,
Tag war es, und — der Dresd'ner stand vor
mir
Und hatte zwei Paar Hosen unterm Arm.
„Herr Meister", sprach er, „gehet heute nicht
Zu Clausing*), wie Ihr pflegt, und geht lieber
Zum Konzerthaus, das ich empfehlen kann.
Tut mir's zulieb, es warnte mich ein Traum."
Und also tat ich, und entging dadurch
Dem Kampfe mit den Rauflust'gen dort bei
Clausings.
Mein Vetter ging den andern Tag zu Clau=
sings hin,
Und braun und blau geschlagen kam er
wieder.

Hilarius.

---

*) Name des Lokals zu nennen.

Parodie
auf den
Monolog der „Jungfrau von Orleans"

Im vierten Akt, erste Szene:
„Die Waffen ruh'n, des Krieges Stürme schweigen".

Die Knüppel ruh'n, die Keilerei ist alle,
Auf tücht'ge Prügel wird nun brav getanzt,
Voll sind die Straßen wie auf einem Balle
Und überall wird tüchtig 'rumgeranzt,
Und Pyramiden bauen sie an jedem Stalle,
Da heißt es: spute dich nur, was du kannst,
Die Straßen sind ganz dicke voller Leute!
Und drängen tun sie sich, das geht ins Weite!

Und alles freut sich und ist voll Vergnügen,
Und alle Menschen denken ganz egal,
Und die mit Knüppel sich zu Leibe stiegen,
Die denken gar nicht mehr an den Skandal.

Wer nur Französ'sches kann zu packen kriegen,
Der tut sich dicke wie ein General,
Neu aufpoliert ist nun die Krone och
Und auf Französ'sch schreit alles: Vivat hoch!

Und mich, die all' das Glück gefabrizieret,
Mich rührt es nicht, mir ist es ganz tout même;
Das Herz im Leibe ist mir verrungenieret
Und auch ein Walzer wär' mir unbequem,
Ein Engländer hat mein Herz gerühret!
Ach, könnt' ich diesen Menschen zu mir nehmen;
Ja, wenn ich diesen Menschen haben künnte,
Die ganze Sippschaft ließ ich in die Tinte.

Was, ich soll eine Mannsperson
In meinem Busen drin zu hacken haben?
Mein Herz hat seine Portion
Und damit laß ich mich begraben!
Ich, die sich 'rumgeschlagen hat,
Und die ganz Frankreich gerettet,
Ich soll mir in'n Major verlieben,
In'n englischen? Nein, es ist übertrieben,
Und du, Johanna, schämst dich nicht?

Wie? Was hör' ich? Tanzmusike,
Oder kommt's mir nur so vor,

Alles ruft mir sein Gespräche,
Bringt mir sein Portrett hervor!
Wenn sie sich doch prügeln wollten,
Knüppel um die Ohren flögen,
In die dickste Keilerei
Gar zu gerne wär' ich bei.

Die Musike, dieser Walzer,
Gott, wie reißt er mir ans Herz,
Die Courage aus den Busen
Macht er weich wie frische Semmel!
Und mir überläuft ein Demel!

Hätt' ich lieber statt's den Säbel
Mir ein' Knüppel zugelegt,
Hätt' es mir nicht aus den Zacken
Aus dem Eichbaum zugewegt;
Und wärst du zu Hauf' geblieben!
Schönste Himmelskönigin,
Nimm, mir kann sie doch nicht dienen,
Deine Mütze, nimm sie hin.

Ach, ich sah den Himmel offen,
Sah die Dodgen ins Gesicht,
Doch hier bin ich angelofen
Und im Himmel bin ich nicht.

Ach, was scherten mich die Schlachten,
Königliche Schlägereien,
Ich trieb meine Hammel sachten
Immer ins Gebirge h'rein.
Doch du hast mir h'rein gerissen
Hier in dies Palais royal,
Ach, ich wollte nichts von wissen,
Mir war alles ganz eingal!

Die Räuber.
Erster Akt, siebente Szene.

(Mit größtem Pathos.) O Menschen! Menschen! Falsche, heuchlerische Krokodiljenbrut! (Beiseite.) Meine Frau, die Karnalje, sitzt widder bei de Kasse un unterhält sich mit dem malitiösen Leutnant. (Laut.) Ihre Augen sind Wasser, ihre Herzen Erz. (Beiseite.) Un da laufen derweile de Gassenjung'n umsonst rin. (Laut.) Küsse auf den Lippen! Schwerter im Busen! (Beiseite.) Hoffmann, Hoffmann, da hinten geht eene Lampe aus! (Laut.) Löwen und Leoparden füttern ihre Jungen, Raben tischen ihren Kleinen auf dem Aas und er — oh — (Beiseite.) Warte, verfluchtiger Junge, ich will dich lehren, vom dritten Platz uf'n zweeten überzusteigen! (Laut.) Oh — o—h, Bosheit habe ich schon zu dulden gelernt, ich kann dazu lachen, ha= hahaha, wenn mir mein boshaftiger Feind mein eigenes Herzblut zutrinkt, oder wenn Vaterliebe zur Megäre wird! (Beiseite.) Jetzt is der Bengel uf'n ersten Platz. (Laut.) So fange Feuer, männliche Gelassenheit! (Beiseite.) Suf= flieren Se nich so laut, Sie Esel! (Laut.) Ver= wildere zum Tiger, sanftmütiges Lamm, und jede Faser recke sich auf zum Gift und Ver= derben!

Der triumphierende Federheld.
Parodie des Monologes von Tell.

Die Szene geht in dem Zimmer des Literaten Scriba vor. Scriba, ein moderner Literat, hat eben eine Notiz niedergeschrieben und hebt mit rascher Entschlossenheit ein vor ihm liegendes Blatt in die Höhe.

In diese hohle Zeitschrift muß es kommen;
Es gibt kein andres Blatt für Schmähung.
Hier

Ergötzt sie — die Gelegenheit ist günstig,
Die pseudonyme Maske gibt mir Mut,
Von ihr geschützt, nah' sich'rer ich dem Feinde,
Und schlechte Waffe schützt vor edeln
                                    Gegnern.
Mach' keine Rechnung dir auf Witz, Kamerad:
Du weißt ja — der war niemals meine Sache.

Ich krittelte ganz sorglos — was ich schrieb,
War auf bescheid'ne Leser nur berechnet,
Ein höh'res Ziel war nie mein Augenmerk —
Du hast aus meinem Taumel mich heraus
Geschreckt — in racheglühend Gift hast du
Des frühern Denkens Lauheit mir verwandelt,
An scharfe Geißel hast du mich gewöhnt —
Wer einmal nur sie selbst, wie ich, empfunden,
Zielt schonungslos dann auch aufs Herz des
                                    Feind's.

Die armen Kindlein, die unschuldigen,
Die ich gebar in blinder Schreibsucht Wut —
Sie muß ich schützen — da, als ich die Feder
                                    einst
Ergriff — als mir der Kopf sich weigerte,
Als du mit grausam teufelischer Lust
Mich zwangst, der Kindlein Schwäche zu er=
                                    kennen,

Als ich ohnmächtig schweigend stand vor dir;
Damals gelobt' ich mir in meinem Innern
Mit einem Grimm, wie ich ihn nie empfand,
Daß meiner nächsten Schmähung erstes Ziel
Dein Herz sein sollte — was ich mir gelobt
In jenes Augenblickes Höllenqualen,
Ist meine ärgste Schuld — ich will sie zahlen.

Du warst nicht ohne Witz — ich leugn' es nicht,
Doch hätte sonst kein Witzbold sich erlaubt,
Was du — die Muse hat dir Witz verliehen,
Um zu ergötzen — denn man will Erheit'rung,
Doch nicht, um mit des Satyrs schlauer Lust
An den Kollegen zu erspäh'n Gebrechen;
Die Bosheit lebt! Selbst witzlos kann sie stechen.
Komm' du hervor, du Schmerzenskind der Rache,
Mein teures Kleinod jetzt, — mein letzter Trost, —
Ein Ziel will ich dir geben, das bis jetzt
Der eig'ne Wert vor Schmähung treu geschützt —
Doch dir soll es nicht widersteh'n — und du,
Vertraute Zeitschrift, die mir ja so oft
Als Tummelplatz gedient für Knabenfehden,
Verlaß mich nicht, da einem Mann es gilt;

Nur jetzt noch, edle Keckheit, gib mir Kraft,
Die mir so oft der Schmähsucht Pfeil beflügelt,
Entrinnt er heut' erfolglos meinen Händen —
Kein Fünkchen Witz hab' ich sonst dran zu wenden.

Auf diesen Stoß Makulatur mich setzen
Will ich — da heut' die Ruhe mir so nötig;
Denn hier herrscht wahre Ruhe — in der Welt
Der echten Literatur ist's unruhvoll dagegen,
Und mannigfach wogt dort der Strom. Dort geht
Der ernste Novellist und der Poet,
Der Kunstverständige, der Humorist,
Der Philosoph und der Satiriker,
Der emsige Notizenschreiber, der
Nach Stoff umherspäht nur in fremden Schriften —
Denn jedes Streben führet an ein Ziel —
Sie alle leitet zur Unsterblichkeit
Ihr inn'rer Trieb — der mein' ist Rach und Neid!

Sonst, wenn auf Jagd ich ausging — was war's weiter,
Als daß ich lau'rte auf den „Figaro",

Und wenn er kam, da fand ich wohl auch etwas
Zur Sätt'gung meiner magern Zeitschrift, war's
Ein Skandälchen oder Eckenfteherwitz,
Wie es der Wilddieb sucht in den Journalen. —
Jetzt geht er einem andern Weidwerk nach,
Sein sonst so träges Hirn flammt Rach'gedanken:
Des Feindes Fall ist es, worauf er lauert,
Und doch an euch nur denkt er, liebe Kindlein,
An euch, ihr geist'gen Mißgeburten, eu'r Gebrechen
Vor der Satire Uebermacht zu schützen,
Will er zur Schmähung jetzt den Pfeil sich spitzen.

Ich lau'r auf einen argen Feind. Läßt sich's
Ein Journalist nicht reu'n, oft stundenlang
In faden Tagesblättern nur zu wühlen,
Von Zeil' zu Zeile gierig nachzuspäh'n,
Ragout von Stoffen mancher Art zu kosten,
Bis fast die Sättigung zum Ekel steigt,
— Um ein armselig Späßchen wegzustehlen —
Hier gilt es einen vorteilhafter'n Preis:
„Den Geist zu schmähen, der mir überlegen."

Mein ganzes Leben lang hab' ich die Feder
Gemißbraucht — brav geschimpft nach Krittler=
weise,
Doch oft auch frech gelobt hinein ins Blaue!
Und allgemein hab' ich der Frechheit Ruf
Davongetragen — aber heute will ich
Das ärgste tun — und flugs den ersten Preis
Im Reich der Unverschämtheit mir gewinnen.

       Gustav Schneidereit.

Die Wurst.
Parodie der „Glocke".

Fest gemauert in dem Herde
Steht das Kesselloch bereit,
Daß die Wurst gekochet werde,
Frisch, Ihr Leute, geht nicht weit.
 Von der Esse heiß
 Trippen muß ihr Schweiß,
Soll das Werk den Schlächter freuen,
Darf die Arbeit nicht gereuen.

Nehmet Holz vom Fichtenstamme,
Laßt die Speiler spitzig sein,
Daß bei starker Kesselflamme
Kochen alle Würste rein.
 Mengt der Würste Brei,
 Schnell Gewürz herbei,
 Daß die jetzt gemachte Speise
 Schmecke nach der rechten Weise
Was auf des Kessels bauch'gem Grunde
Die Hand mit Feuershilfe schafft,
Dom Meister wird's zur rechten Stunde
Noch siedeheiß emporgerafft.
Noch dauern wird's in Wintertagen
Und kitzeln manches Leckers Mund;
Man wird beim Weintrunk danach fragen,
Wenn Freude wird am Rausche kund.
Dort, während man im Herde sinnet,
Wie man am Feuer herrlich brät',
Steigt hoch der Rauch, eh' er entrinnet,
Räuchernd die Würste, eh's zu spät.

Hohe Blasen seh' ich wallen:
Wohl, die Suppe ist im Fluß,
Laßt aus Vorsicht Wasser fallen
In den überkochten Guß.
 Doch vom Schmutze rein
 Muß das Wasser sein,

Daß am reinlichen Gemische
Nichts zu seh'n sei auf dem Tische.

Wie sich schon die Würste bräunen!
Diese Kelle tauch' ich ein;
Wird sie recht im Fett erscheinen,
Wird das Kochen g'nugsam sein.
  Jetzt, Ihr Leute, frisch,
  Horcht auf das Gezisch,
 Da sonst Suppe leicht entrönne,
 Manche Wurst wohl platzen könne!

Wohl, nun kann genommen werden
Jede Wurst aus Kessels Bauch,
Wie wird sich der Wirt gebärden
Ueber den schmackhaften Schlauch!
  Holt die Würste 'raus,
  Schafft sie in das Haus.
 Rauchend in der Küche Bogen
 Dampf' die Brüh' in krausen Wogen.

In die Wann' ist's aufgenommen,
Glücklich ist sie vollgefüllt,
Wird's auch wohl viel Lob bekommen,
Daß es Fleiß und Müh' vergilt?!
  Wenn mißlang die Wurst,
  Wenn nur eine borst!

Ach, vielleicht, indem wir hoffen,
Hat uns Unheil schon getroffen!

Bis die Würste sich verkühlet,
Laßt die strenge Arbeit ruh'n.
Wenn vorm Haus kein Vogel spielet,
Mag sich jeder gütlich tun.
    Blinkt der Häuser Licht,
    Ledig aller Pflicht
Hört der Bursch' die Teller klirren,
Meister darf dies doch nicht irren.

Gießt mir aus des Kessels Bauche
Diese Suppe, eh' sie kühlt;
Denn als Speis' nach Hausgebrauche
Wird ja auch ihr Wert gefühlt.
    Nun ins Feuer spritzt,
    Daß's zu Tode schwitzt;
Daß nicht Kohlen heimlich glimmen,
Müssen sie im Wasser schwimmen.

„Uns're Arbeit macht mir Freude",
Zu den Gesell'n der Meister spricht,
„Daß am Platze jeder bleibe
Und probiere das Gericht".
    Nah' der Esse Kranz,
    Unter Sonnenglanz

Hängen Würste neben Schinken,
Für des Fleisches Lob sie blinken!
  Herein, herein!
Ihr Leute alle, schließt die Reih'n,
Daß wir die Wurst dem Gaumen weih'n;
Geschmackvoll nennt sie jeder fein;
Als leichte Kost und auch ohn' Müh' der
                    Küche,
Läßt kein Besuch den guten Fraß im Stiche.

Und vielen sei nun ihr Beruf,
Wozu der Schlächter sie erschuf:
Hoch überm niedern Küchenleben
Soll sie im schwarzen Raucheszelt,
Die Nachbarin des Storches, schweben
Und grenzen an die Wolkenwelt,
Soll Freude geben schon von oben,
Wie der Speckseiten ganze Schar,
Die jede Wirtschaft als gut loben,
So baumelnd bis zum nächsten Jahr.

Nur wenn die Küche nichts kann bieten,
Wird sie dem leeren Tisch geweiht;
Wenn Gäste nicht vor Abend schieden,
Dann hilft sie aus Verlegenheit.
Je enger stecket eine Zunge,
Selbst sprachlos, ohne Mitgefühl,

Begleitet sie viel von der Lunge
Als Bild von dem, der schwatzet viel,
Was ohne Inhalt muß verwehen,
Und da es aus dem Kopfe knallt,
So mag Gehirn in andern stehen;
Da es denn deutbar Hirnwurst schallt.
Jetzo mit der Kraft des Stranges
Zieht die Würste in die Luft,
Daß sie ohn' gehemmten Ganges
Kommen hoch in Essenduft.
    Ziehet, ziehet, treckt!
    Daß es Freud' erweckt!
Daß sich mancher Blick dran weide:
Wohlgeschmack, schrein dann die Leute!

Der Bäcker.

Parodie des „Handschuh".

Mit dem Backen morgens fertig,
Der Nachwiegung gewärtig,
Saß Bäcker Hans,
Und um ihn, in hohen Regalen,
Die Brote, in blanken Schalen,

Der Kuchen in schönstem Glanz.
Und wie er horcht, was sich rühre,
Auf tut sich die Ladentüre,
Und herein mit bedächtigem Schritt
Ein Schutzmann tritt
Und sieht sich stumm
Ringsum.

Mit ernstem Gesichte
Sucht er die Gewichte
Und streckt die Glieder,
Geht auf und nieder.

Und der Bäcker horcht wieder, —
Da öffnet sich weit
Nochmals die Tür,
Durch sie tritt breit
Mit raschem Schritte
Ein Beamter herfür.

Wie er den Bäcker erschaut,
Grüßt er laut,
Wirft hin und zurück
Einen forschenden Blick
Und tritt in die Mitte;
Im Kreis' immer kecker
Umgeht er den Bäcker,
Nimmt die Ware dann,

Wiegt bis aufs Gramm
Und legt sie nieder,
Und der Bäcker horcht wieder, —

Da speit die weiter geöffnete Tür
Zwei Schutzleute auf einmal herfür,
Die greifen, wie längst sie gewohnt, gar keck
Schnell nach dem Gebäck,
Den Bäcker mit Konfiskation zu bedienen;
Doch der Beamte gebeut:
Liegen zu lassen es heut',
Denn vollwichtig sei's;
Und auf sein Geheiß
Lassen sie ab mit grämlichen Mienen.

Da klopft es an des Fensters Rand:
Ein Schusterjung', 'n loser Fant,
Fordert vom Bäcker rauh und keck
Ein frisches Gebäck,
Und zum Jungen — — spottender Weis',
Spricht da der Bäcker zornigrot:
„Mein Söhnchen, machst du den Leuten
                             weis,
Ich backe stets zu klein das Brot,
So weise mir denn doch eins auf".
Und der Bengel in schnellem Lauf
Eilt nach der Kammer stillem Verstecke
Mit festem Schritte.

Und dort in der Mehlsäcke Mitte
Zeigt er versteckt das zu kleine Gebäcke.
Und mit Erstaunen und mit Grauen
Schutzleute und Beamte es schauen,
Und gelassen bringt er die Brote zurück.
Da schallt ihm sein Lob aus jedem Munde,
Aber mit wütendem Zornesblick
Droht ihm Rache bei jedem Stück.
Dem Bäcker mit schäumendem Munde
Lacht der Schusterjunge ins Gesicht:
„Dein Zorn, Bäcker, erschreckt mich nicht!"
Und empfiehlt sich zur selben Stunde.

Fr. K.

Der Haarzopf.

Travestie des „Handschuh".

Vor ihrer Toilette,
Zu ordnen Haar und Kette,
Saß Liese Kur,
Und um sie die größten Gecken,
Und rings in Büchsen und Becken
Die Statthalter alter Natur.

Und wie sie zieht an den Schnüren,
Auf tun sich die Flügeltüren,
Und herein, mit bedächtigem Schritt,
Ein Schneider tritt,
Und machet fix
Den Knix
Mit Schneiderehre
Und klirrt mit der Schere,
Und leget das Mieder
Und Maß nun nieder.
Und das Fräulein schellt wieder,
Da öffnet sich behend
Nochmals die Tür,
Und es rennt
Mit leichtem Sprung
Ein Friseur herfür,
Wie der den Schneider erschaut,
Lacht er laut,
Wirft in die Brust
Sich, der Macht wohl bewußt,
Und blaset sich auf.
Und von Neid entstellt,
Hohnneckt er den Held
Spitziger Nadel,
Drauf blickt er voll Adel
Zur Schuhschnall' nieder.

Und das Fräulein schellt wieder,
Da speit das doppelt geöffnete Haus
Zwei Marchandes des Modes auf ein=
 mal heraus,
Die stürzen mit mutiger Stechbegier
Auf das Schneidertier,
Das spießt sie mit der zweischneidigen
 Schere.
Und der Kräusler voll Mut
Mischet sich drein, da gilt's Blut,
Gebadet im Schweiß,
Von Raufsucht heiß,
Balgen sich die künstelnden Heere.

Da fällt von des Haubenstocks Kopf
Ein Haargurt mit schönem Zopf,
Zwischen den Schneider und Friseur
Grad' in die Quer!

Und zum Prahlhans Milville, spotten=
 der Weis',
Wendet sich Fräulein Liese kur:
Herr Ritter, ist Eure Liebe so heiß,
Wie Ihr mir's schwört in Calembourg,
Ei, so hebt mir den Haarzopf auf!

Und der Ritter in schnellem Lauf
Teilet die wutentbrannten Ringer

Mit festem Schritt.
Und aus der ungeheuren Mitt'
Holt er den Haarzopf mit keckem Finger.
Und mit Erstaunen und mit Grauen
Es die Ritter und Gecken schauen,
Da schallt ihm sein Lob von jedem so süß,
Doch mit zärtlichem Liebesblick,
— Er verkündet ihm sein nahes Glück, —
Empfängt ihn Fräulein Liese kur,
Doch er wirft ihr den Haarzopf ins
Gesicht:
Den Kopf, Fräulein, begehr' ich nicht!
Und verreiset sogleich nach Paris.

M. G. Saphir.

Die Gewalt des Schnapses über die Liebe.

Parodie auf „Ritter Toggenburg".

„Ja, daß er zu Hause bliebe
  Abends bei der Frau;
Trunken spricht er nur von Liebe,
  Nüchtern ist er lau;

Nur dem Branntweine danken
    Soll ich deine Gunst?
Mann! probiere nicht im Zanken
    Meine ganze Kunst."

Und er hört's mit stummem Harme,
    Läßt die Klinke los,
Preßt die Frau in seine Arme,
    Fühlt sich wieder groß.
Lud wie sonst die Freunde wieder
    Zum gesell'gen Licht,
Und es nah'n die alten Brüder,
    Pfeifen im Gesicht.

Große Taten da geschehen
    Durch der Gäste Mund,
Staaten blühen und vergehen
    Durch einander bunt;
Und des Wirtes kühne Zunge
    Schlägt das stärkste Heer;
Doch in seinem höchsten Schwunge
    Fühlt das Herz sich leer.

Und zwölf Tag' hat er's ertragen,
    Trägt es länger nicht.
Freiheit wieder will der Magen,
    Und die Kette bricht;

Wie einmal die Frau zur Tränke
  In den Kuhstall eilt,
Schleicht er hin zur teuren Schenke,
  Wo die Flasche weilt.

Und betrunken kommt er wieder,
  Kommt zu Hause spat,
Ach! und von dem Fenster nieder
  Strömt ein kaltes Bad.
Keine Türe trifft er offen
  Und es ruft heraus:
„Wo du dir den Rausch gesoffen,
  Schlaf' ihn wieder aus."

Da verlässet er auf immer
  Seiner Väter Herd,
Seine Felder sieht er nimmer,
  Noch sein altes Pferd.
Aus dem fürchterlichen Orte
  Weicht er kurz und gut,
Denn er hört noch ihre Worte,
  Fühlt noch ihre Flut.

Und er wandert in die Fremde
  Weit von seinem Land,
Wo er bald für Rock und Hemde
  Einen Käufer fand.

Und dann bettelt er vom Morgen
  Bis zum Abendschein,
Und vertrank des Tages Sorgen.
  Froh in Branntewein.

Blickte dann ins holde Gläschen,
  Blickte stundenlang,
Bis das rosenfarb'ne Näschen
  Auf den Busen sank,
Bis des Schnapses Kraft sich zeigte,
  Bis das liebe Herz
Untern Tisch herab sich neigte,
  Fallend ohne Schmerz.

Und dann schlief er ohne Sorgen
  Neben Hunden ein,
Unbekümmert wie es morgen
  Wieder würde sein.
Und so ging er viele Tage,
  Trank viel Jahre lang,
Spottend über Weiberklage,
  Bis die Nase sank.

Bis des Schnapses Kraft sich zeigte,
  Bis das liebe Herz
Untern Tisch herab sich neigte,
  Fallend ohne Schmerz.

Und so lag er, eine Leiche,
    Eines Morgens da,
Nach dem Schnapsglas noch das bleiche,
    Stille Antlitz sah.

Totenklage auf ein Gigerl.

Parodie der „Nadowessischen Totenklage".

Seht, da liegt das schlanke, nette
    Gigerl leblos da,
So voll Anstand auf dem Bette,
    Wie man stets es sah.

Doch, wo ist die Kraft der Hände?
    Wo der Stimme Ton?
Ach, ihr Beifall ist zu Ende,
    Ihr Applaus entfloh'n!

Wo die Augen, die so helle
    Durch Lorgnetten sah'n,
Mancher Liebschaft rege Quelle
    Auf der Lebensbahn.

Diefe Beine, die behender
    Als die andern all'
Tanzten Walzer, Schleifer, Ländler
    Mit auf jedem Ball.

Diefe Waden, stets erschienen
    Stark, herkulisch, straff,
Ach, nun fehlt die Watte ihnen,
    Seht, jetzt sind sie schlaff!

Wohl ihm, er ist heimgegangen,
    Wo nicht Neid und Spott,
Wo er kann als Stutzer prangen,
    Wandeln wie ein Gott.

Wo nur Vögel Opern singen,
    Wild ein Drama spielt,
Im Ballett der Fisch durch Springen
    Stumm nach Beifall zielt.

Kaviar und Austern speist er
    Dort in sel'ger Höh',
In Gesellschaft schöner Geister
    Trinkt er droben Tee.

Singet ihm zur letzten Ehre
    Ein Rossinisch Lied,

Auch im Grab ihm noch gehöre,
 Was ihn einst durchglüht'.

Legt ihm unters Haupt die Brille
 Und der Sporen Paar,
Windsorseife auch in Fülle
 Und Parfüm fürs Haar.

Schnurrbartbinden nie entbehrte,
 Bürsten zum Gebrauch,
Dazu, den er nie verwehrte,
 Einen Spiegel auch.

Hüllet ihn nun noch im Tode
 In ein neu Gewand,
Daß er bring' die neuste Mode
 Mit ins sel'ge Land.

P. D. A.

Die Erscheinung im Kaffeesaale.

Parodie auf: „Das Mädchen aus der Fremde".

In einer Stadt bei jungen Frauen
Erscheint — nach jedem Mittagsmahl,

So wie der Kaffee sich läßt schauen,
Ein geistig Wesen in dem Saal.

Es ist nicht in dem Saal geboren,
Man fragt es nicht, woher es kam;
Doch schnell ist seine Spur verloren,
Sobald man wieder Abschied nahm.

Vereinigend ist seine Nähe,
Und alle Lippen tun sich auf:
Und keine Würde, keine Höhe,
Hemmt ihres Wörterstromes Lauf.

Es bringet Fehler mit und Namen,
Gemerkt in einem andern Haus,
Bei eingebildeteren Damen
Auf einem andern Kaffeeschmaus.

Und schenket jeder eine Gabe,
Der Witz und jener scharfen Blick.
Der Jüngling wie der Greis am Stabe,
Ein jeder kommt beklatscht zurück.

Zum Tadel dienen alle Gäste;
Doch birgt sich wo ein liebend Paar,
Das gibt der Kaffeereden beste,
An dem läßt man kein gutes Haar.

Würde der Weiber.
Parodie auf „Würde der Frauen".

Weg mit den Weibern — sie sind nur gegeben,
Uns zu vergällen das irdische Leben,
Fesseln uns schmerzhaft ins eh'liche Band,
Weh', wenn voll Huld sie erhören den Freier!
Lieber auf ewig ins höllische Feuer,
Als diesen lästigen Handkorb zur Hand.

    Kalt, doch in des Innern Schranken
    Tragend hohe Geisteskraft,
    Ist das Blut der schönen Ranken,
    Ist der edle Traubensaft.
    Doppelt erst, wenn in der Ferne
    Seine langgeschweifte Bahn
    Zieht der seltenste der Sterne —
    Dieser Trank, er labt den Mann.

Aber ganz ohne die herrlichen Kräfte
Bleiben Arabiens bräunliche Säfte,
Wärmen das Herz nicht, das Zungenband nur.
Ueber die Weiber! — da brau'n sie am Herde
Säfte, die niemals entspringen der Erde,
Tränke, die klug uns versagt die Natur.

Tätigkeit ist Mannes Streben,
Hier durch Klugheit, dort durch Kraft;
Es gibt Leben erst dem Leben,
Wenn er rüstig wirkt und schafft.
Was er schuf, das tritt er nieder,
Wenn Vollkommenheit gebricht;
Er erneut, zerstöret wieder,
Bis das Werk dem Zweck entspricht.

Aber nicht dürstend nach edlem Ruhme,
Brechen die Weiber der Sinnlichkeit Blume,
Tändelnd und scherzend bei müßigem Fleiß;
Lesen der Dichter oft schlüpfrige Worte,
Klimpern Gitarre und Pianoforte,
Trällern und spielen im häuslichen Kreis.

Streng' befehlend seine Zunge
Ist des Mannes feste Brust,
Nur des Zwangs, der seine Lunge
Atem schöpfen heißt, bewußt.
Was ihm offenherz'ge Seelen
Sagen, birgt des Willens Eid,
Und der Neugier Fragen stählen
Nur noch die Verschwiegenheit.

Aber, wie leise vom Winde beweget,
Schnell die holländische Mühle sich reget,

So die geschwätzige Zunge der Frau.
Schweigen gebiert ihr die heftigsten Qualen;
Gibt es nur etwas zu schwatzen, so strahlen
Freudig die Augen im schimmernden Blau.

    Inn'rer Wert, nicht äuß're Blüte,
    Gilt, wo Männerdenkart siegt;
    Sehet, wie halbnackt der Skythe
    Auch auf Sand zufrieden liegt.
    Hell entbrennt der Mann im Grimme,
    Wenn er sich den Stutzer denkt,
    Dessen süße Flötenstimme
    Alles Männliche verdrängt.

Aber nur äußere Form zu betrachten,
Und nur das Zierliche, Hübsche zu achten,
Dies ist der Geist, der im Weiberherz glüht.
Sucht nur mit lieblichem Reiz sich zu schmücken,
Locket die Männer mit schmachtenden Blicken,
Nur mit dem Putz ist sie emsig bemüht.

Würde der Frauen.
(Aus dem 18. ins 19. Jahrhundert übersetzt.)

Ehret die Frauen, sie flechten und weben
Heute nicht mehr, wie's der Großmütter Streben!

Andere Zeit fordert andere Pflicht!
Statt an dem Rocken nur Linnengespinste,
Lernen sie heute ganz andere Künste,
Wie man die Männerwelt besser besticht.
  Aus des Hauses engen Schranken
  Stürmt der Gatte himmelan, —
  Bei dem Skat sind die Gedanken,
  Und er sucht den dritten Mann.
  Will man spät auf Heimkehr dringen,
  Geht es stets „noch dreimal 'rum",
  Und er ist nicht abzubringen
  Von dem Wirtshauspublikum.

Aber bei zauberisch fesselndem Spiele
Sitzen des zarten Geschlechtes gar viele.
An dem gewaltigen Hausinstrument,
Klagen in süß=detonierenden Tönen,
Bis sich ein Jüngling daran muß gewöhnen
Und vor Verzweiflung zum Standesamt rennt.
  Feindlich ist des Mannes Streben,
  Seine Kräfte gibt er kund;
  Des Parteikampfes wildes Leben
  Baut dazu erwünschten Grund.
  Zur Beratung und zum Wählen
  Führt ihn stolz die Politik, —
  Nach den heimischen vier Pfählen
  Lockt ihn keine Hausmusik.

Aber zufrieden mit ſtillerem Ruhme,
Läßt ſein Gemahl Arabeske und Blume
Sticken in Teppich und andres Gerät,
Daß ſie dem Mann triumphierend bekunde:
„Siehſt du, das hab' ich in einſamer Stunde
Selber gehäkelt, gewirkt und genäht."
    Streng und ſtolz ſich ſelbſt genügend,
    Lobt er kaum die fleiß'ge Hand.
    Ja, er meint womöglich rügend,
    Daß zu teuer ſei der Tand.
    Doch in ſeinem Kopfe brummen
    Kurſe von der Börſe ſchon;
    Er verſpielt die größten Summen
    Und — da ſpricht er keinen Ton!

Aber die Frauen! Weit ſchüchterner, ſcheuer,
Nähren ſie wachſam das ewige Feuer,
Das an dem Küchenherd lodert in Glut, —
Hüten ſich, daß ſie der Magd opponieren,
Um nur dem Gatten nach Wunſch zu ſervieren,
Was — ihre Donna zu kochen geruht!
    In der Männer Herrſchgebiete
    Gilt der Stärke trotzig Recht,
    Geld zu Wirtſchaft, Kleid und Miete,
    Das entlockt man ihnen ſchlecht.
    Dann befehden ſich im Grimme
    Hausherr und Gemahlin leicht,

Und für sie kommt eine schlimme
Zeit, wenn's Wochengeld nicht reicht.

Aber mit sanft überredender Bitte
Tut dann die Frau die geeigneten Schritte,
Bis sie den Gatten zum Nachgeben treibt!
Ehret die Frau'n, die uns schmeichelnd um=
\ geben, —
Ehret die Frauen und — lasset sie leben,
Da uns doch füglich nichts anderes bleibt!
Die Damen, sie leben hoch!

Die Kartoffelklöße.
Parodie des „Punschliedes".

Vier Elemente
Innig gesellt,
Bilden das Leben,
Bauen die Welt.

Schält der Kartoffel
Goldenen Stern,
Reibet und preßt ihn
Zum mehligen Kern.

Jetzt mit dem siedenden
Milchstrom herbei!
Rühret das Feste
Zum lockeren Brei!

Bröckchen von Weißbrot
Tut auch hinein,
Daß nicht die Masse
Sich balle zu Stein.

Nun in des Wassers
Sprudelnden Schwall!
Wasser umtose
Rastend das All!

Sind sie geraten
In siedender Flut,
Speist sie zum Braten,
Nur frisch sind sie gut.

G. Th. A. Deckert.

Parodie
auf: „Ode an die Freude".

Der Brenner.

Branntwein, flüff'ger Feuerfunken,
    Söhnchen aus dem Blasenkopf,
O! Wie oft wirst du getrunken
    Von dem Weisen, wie vom Tropf.
Deine Zauber sind ergötzlich,
    Leute, die sich nie gesehn,
Werden Freund' und Brüder plötzlich,
    Wenn sie nur zum Branntwein gehn.
    Hab' ich gleich nicht Millionen,
        Tausende verdien' ich doch.
        Branntwein ist das stärkste Joch,
    Welches herrscht in allen Zonen.

Der Brauer.

Wem der große Wurf gelungen,
    Herr der Brauerei zu sein,
Starke Kundschaft hat errungen,
    Mische seinen Jubel ein.
Ja, wer nur recht viele Tonnen
    In die vielen Kneipen schafft,

Hat doch bares Geld gewonnen;
 Vivat hoch! Der Gerstensaft!
  Was die große Stadt bewohnet,
  Huldige dem lieben Bier.
  Reicher werden für und für
 Ist's, was nur den Brauer lohnet.

Der Bäcker.

Essen müssen alle Wesen,
 So verlangt es die Natur;
Alle Guten, alle Bösen
 Folgen dieser Weisung nur.
In des Ofens heißem Raume
 Back' ich drum das liebe Brot,
Gleicht es oft an Kraft dem Schaume,
 Fehlt auch am Gewicht manch' Lot;
  Wundert Ihr Euch, liebe Leute?
  Seht, ich mach' ein großes Haus,
  Fahr' in Equipage aus;
Drum ich kleines Brot bereite.

Der Gastwirt.

Freude ist an meinem Tische,
 Wenn der Gäste große Zahl
Speiset Suppe, Braten, Fische,
 Jedermann nach seiner Wahl;

Doch sehr lästig ist das Borgen,
   Nimmer habe ich es gern;
Die Vertröstung bis auf morgen
   Hört ich schon von manchem Herrn.
   Doppelkreide ist zu loben,
      Diese wende ich oft an;
      Denn ich kenne meinen Mann,
   Der die Zahlung hat verschoben.

   Der Pfandleiher.

Tröster in so manchen Leiden,
   Helfer, wenn die Armut weint,
Immer höflich und bescheiden.
   Bin ich gegen Freund und Feind.
Mäßig sind ja zwölf Prozente,
   Leben muß ich ja davon,
Und für diese kleine Rente
   Heiß' ich Wuch'rer und Kujon.
   Böser Undank kann nicht rasten,
      Doch dafür entschädigt mich
      Mein Gewerbe sicherlich
   Und der volle Eisenkasten.